DIE RÖMER

WISSEN VISUELL

PETER CHRISP

Dorling Kindersley

DORLING KINDERSLEY
London, New York, Melbourne, München und Delhi

Lektorat Simon Holland
Gestaltung Jim Green, Joanne Little, Adrienne Hutchinson
Photoshop-Illustrationen Lee Gibbons
Cheflektorat Camilla Hallinan
Chefbildlektorat Sophia Tampakopoulos
Programmleitung Sue Grabham
Leitung Bildlektorat Mark Richards
Bildrecherche Celia Dearing
Covergestaltung Bob Warner
DTP-Design Eric Shapland
Herstellung Dulcie Rowe

Bibliografische Information Der Deutschen Bibliothek
Die Deutsche Bibliothek verzeichnet diese Publikation in der Deutschen Nationalbibliografie; detaillierte bibliografische Daten sind im Internet über http://dnb.ddb.de abrufbar.

Titel der englischen Originalausgabe:
DK Revealed: Ancient Rome

Übersetzung Dr. Michael Schmidt
Redaktion Angela Wagner

ISBN 3-8310-0506-0

Colour reproduction by Colourscan Singapore
Printed in China by Leo Paper Products

Besuchen Sie uns im Internet
www.dk.com

Inhalt

Stadt und Reich 6

Cäsar in Gallien 8

Der Aufstieg 10

Marschbefehl 12

Republik wird Reich 14

Kolosseum 16

Brot und Spiele 18

Baumeister 20

Versunkenes Pompeji 22

Zeitreise 24

Gesellschaft 26

Wirtschaft 28

Haus des Fauns 30

Leben und Freizeit 32

Religion 34

Niedergang Roms 36

Register 38

RIESIGES REICH
Diese Karte zeigt das Römische Reich auf seinem Höhepunkt im Jahr 117 n. Chr., als es sich 3700 km von Norden nach Süden und 4000 km von Osten nach Westen erstreckte. Ein einziges Mal in der Geschichte gehörten alle Länder um das Mittelmeer zu einem einzigen Staat. In Spanien wie in Ägypten benutzten die Menschen die gleichen Töpfe und die gleichen Münzen und betrachteten sich als Römer.

Vergil *hält ein Exemplar der Aeneis. Er ist von zwei „Musen" umgeben – griechischen Göttinnen, die die Dichtkunst inspirierten.*

STADT UND REICH

IN DEN JAHRHUNDERTEN NACH 300 V. CHR. errichteten die Römer eines der größten und bestorganisierten Reiche der Geschichte. Sie bauten Städte und Straßen und verbreiteten ihre Lebensweise. Die Menschen in Nordeuropa etwa, die zuvor in Dörfern lebten, lernten in Städten zu wohnen. Sie trugen römische Kleidung, beteten römische Götter an und sprachen die römische Sprache: Latein. Das Reich überdauerte Jahrhunderte und seine Auswirkungen sehen wir noch heute. Wir verwenden das römische Alphabet und tausende unserer Wörter sind lateinischen Ursprungs. Unsere Münzen ähneln römischen Münzen und römisch ist auch unser Kalender, dessen Monate nach antiken Göttern wie Mars (März) und Herrschern wie Augustus (August) benannt sind.

Mit Wolfsfell *bedeckter Helm*

„FRIEDEN" DURCH MACHT
Die Soldaten, die hinter Standartenträgern (links) in den Krieg zogen, glaubten, die Götter gäben ihnen das Recht, andere Länder zu erobern und zu regieren. Sie behaupteten, die römische Herrschaft bringe Frieden und es sei zum Wohle der Eroberten, dass sie „zivilisiert" wurden, d. h. die richtige Lebensweise erlernten.

DIE ETRUSKER

Stark beeinflusst waren die Römer von den Etruskern, deren Kultur seit dem 8. Jh. v. Chr. in Mittelitalien florierte. Nach römischer Überlieferung wurde Rom im 6. Jh. v. Chr. von Etruskerkönigen regiert, bis die Römer sie um 509 v. Chr. vertrieben und eine Republik schufen.

Frauenkopf aus Keramik *aus einem Etruskergrab*

Die Wölfin säugt *Romulus und Remus.*

LEGENDÄRER URSPRUNG

Die Römer waren so stolz auf ihr Reich, dass sie ihm einen göttlichen Ursprung zuschrieben. Sie erfanden die Geschichte von Romulus und Remus, den Zwillingssöhnen des Kriegsgotts Mars, die von einer Wölfin aufgezogen wurden. Später gründete Romulus die Stadt Rom, die er nach seinem Namen benannte.

DER GRIECHISCHE EINFLUSS

Mehr Einfluss als die Etrusker hatten die Griechen, die in ganz Süditalien Städte gründeten. Vorbild der Aeneis, des berühmtesten Werks des großen römischen Dichters Vergil, waren die Versepen *Ilias* und *Odyssee* des frühgriechischen Dichters Homer.

SEHENSWÜRDIGKEITEN IN ROM

1. ***Kolosseum:*** *ein großer Bau für öffentliche Veranstaltungen*
2. ***Tempel des Claudius,*** *eines zum Gott erklärten Kaisers*
3. ***Ludus Magnus:*** *eine Trainingsschule für Gladiatoren*
4. ***Thermen des Trajan:*** *vom Kaiser erbautes öffentliches Badehaus*
5. ***Tempel der Venus und Roma:*** *einer der vielen Tempel der Stadt*
6. ***Trajansforum:*** *enthält Denkmäler dieses Kaisers*
7. ***Theater des Marcellus:*** *für Schauspiele und Konzerte*
8. ***Tempel des Jupiter:*** *dem Schutzgott Roms geweiht*

DIE STADT ROM

Dieses Modell zeigt die Stadt Rom zu Beginn des 4. Jhs. v. Chr. Sie besaß große öffentliche Bauten – Badehäuser, Tempel und Theater – und beherbergte über eine Million Menschen, die z. T. aus vielen fernen Ländern in die Stadt strömten. Für jeden Römer war sie der Mittelpunkt der Welt. Das Modell zeigt allerdings keinen der Slums, in denen die Armen in überfüllten, verfallenen Wohnblöcken hausten.

CÄSAR IN GALLIEN

JULIUS CÄSAR RIEF: „Auf, Soldaten! Die Stadt ist unser!“ Neben der hölzernen Belagerungsrampe, die die Legionäre in 25 Tagen erbaut hatten, bildeten die Männer „Schildkröten“, indem sie beim Ansturm die Schilde über den Köpfen hielten. Hohe Belagerungstürme rollten vorwärts und Rammböcke erschütterten die Mauern von Avaricum – der Stadt in Gallien (Frankreich), die Julius Cäsar 52 v. Chr. einnahm.

DIE ETRUSKER

Stark beeinflusst waren die Römer von den Etruskern, deren Kultur seit dem 8. Jh. v. Chr. in Mittelitalien florierte. Nach römischer Überlieferung wurde Rom im 6. Jh. v. Chr. von Etruskerkönigen regiert, bis die Römer sie um 509 v. Chr. vertrieben und eine Republik schufen.

Frauenkopf aus Keramik *aus einem Etruskergrab*

LEGENDÄRER URSPRUNG

Die Römer waren so stolz auf ihr Reich, dass sie ihm einen göttlichen Ursprung zuschrieben. Sie erfanden die Geschichte von Romulus und Remus, den Zwillingssöhnen des Kriegsgotts Mars, die von einer Wölfin aufgezogen wurden. Später gründete Romulus die Stadt Rom, die er nach seinem Namen benannte.

Die Wölfin *säugt Romulus und Remus.*

DER GRIECHISCHE EINFLUSS

Mehr Einfluss als die Etrusker hatten die Griechen, die in ganz Süditalien Städte gründeten. Vorbild der Aeneis, des berühmtesten Werks des großen römischen Dichters Vergil, waren die Versepen *Ilias* und *Odyssee* des frühgriechischen Dichters Homer.

SEHENSWÜRDIGKEITEN IN ROM

1. ***Kolosseum:*** *ein großer Bau für öffentliche Veranstaltungen*
2. ***Tempel des Claudius,*** *eines zum Gott erklärten Kaisers*
3. ***Ludus Magnus:*** *eine Trainingsschule für Gladiatoren*
4. ***Thermen des Trajan:*** *vom Kaiser erbautes öffentliches Badehaus*
5. ***Tempel der Venus und Roma:*** *einer der vielen Tempel der Stadt*
6. ***Trajansforum:*** *enthält Denkmäler dieses Kaisers*
7. ***Theater des Marcellus:*** *für Schauspiele und Konzerte*
8. ***Tempel des Jupiter:*** *dem Schutzgott Roms geweiht*

DIE STADT ROM

Dieses Modell zeigt die Stadt Rom zu Beginn des 4. Jhs. v. Chr. Sie besaß große öffentliche Bauten – Badehäuser, Tempel und Theater – und beherbergte über eine Million Menschen, die z. T. aus vielen fernen Ländern in die Stadt strömten. Für jeden Römer war sie der Mittelpunkt der Welt. Das Modell zeigt allerdings keinen der Slums, in denen die Armen in überfüllten, verfallenen Wohnblöcken hausten.

Cäsar in Gallien

Julius Cäsar rief: „Auf, Soldaten! Die Stadt ist unser!“ Neben der hölzernen Belagerungsrampe, die die Legionäre in 25 Tagen erbaut hatten, bildeten die Männer „Schildkröten“, indem sie beim Ansturm die Schilde über den Köpfen hielten. Hohe Belagerungstürme rollten vorwärts und Rammböcke erschütterten die Mauern von Avaricum – der Stadt in Gallien (Frankreich), die Julius Cäsar 52 v. Chr. einnahm.

DIE ETRUSKER

Stark beeinflusst waren die Römer von den Etruskern, deren Kultur seit dem 8. Jh. v. Chr. in Mittelitalien florierte. Nach römischer Überlieferung wurde Rom im 6. Jh. v. Chr. von Etruskerkönigen regiert, bis die Römer sie um 509 v. Chr. vertrieben und eine Republik schufen.

Frauenkopf aus Keramik *aus einem Etruskergrab*

LEGENDÄRER URSPRUNG

Die Römer waren so stolz auf ihr Reich, dass sie ihm einen göttlichen Ursprung zuschrieben. Sie erfanden die Geschichte von Romulus und Remus, den Zwillingssöhnen des Kriegsgotts Mars, die von einer Wölfin aufgezogen wurden. Später gründete Romulus die Stadt Rom, die er nach seinem Namen benannte.

Die Wölfin *säugt Romulus und Remus.*

DER GRIECHISCHE EINFLUSS

Mehr Einfluss als die Etrusker hatten die Griechen, die in ganz Süditalien Städte gründeten. Vorbild der Aeneis, des berühmtesten Werks des großen römischen Dichters Vergil, waren die Versepen *Ilias* und *Odyssee* des frühgriechischen Dichters Homer.

SEHENSWÜRDIGKEITEN IN ROM

1 ***Kolosseum:*** *ein großer Bau für öffentliche Veranstaltungen*

2 ***Tempel des Claudius,*** *eines zum Gott erklärten Kaisers*

3 ***Ludus Magnus:*** *eine Trainingsschule für Gladiatoren*

4 ***Thermen des Trajan:*** *vom Kaiser erbautes öffentliches Badehaus*

5 ***Tempel der Venus und Roma:*** *einer der vielen Tempel der Stadt*

6 ***Trajansforum:*** *enthält Denkmäler dieses Kaisers*

7 ***Theater des Marcellus:*** *für Schauspiele und Konzerte*

8 ***Tempel des Jupiter:*** *dem Schutzgott Roms geweiht*

DIE STADT ROM

Dieses Modell zeigt die Stadt Rom zu Beginn des 4. Jhs. v. Chr. Sie besaß große öffentliche Bauten – Badehäuser, Tempel und Theater – und beherbergte über eine Million Menschen, die z. T. aus vielen fernen Ländern in die Stadt strömten. Für jeden Römer war sie der Mittelpunkt der Welt. Das Modell zeigt allerdings keinen der Slums, in denen die Armen in überfüllten, verfallenen Wohnblöcken hausten.

Cäsar in Gallien

Julius Cäsar rief: „Auf, Soldaten! Die Stadt ist unser!“ Neben der hölzernen Belagerungsrampe, die die Legionäre in 25 Tagen erbaut hatten, bildeten die Männer „Schildkröten“, indem sie beim Ansturm die Schilde über den Köpfen hielten. Hohe Belagerungstürme rollten vorwärts und Rammböcke erschütterten die Mauern von Avaricum – der Stadt in Gallien (Frankreich), die Julius Cäsar 52 v. Chr. einnahm.

EIN ANGRIFF DER RÖMER

1. **Belagerungsturm:** *ein Holzturm auf Rädern, der an die gallischen Mauern gerollt wurde*
2. **Palisaden:** *über den dicken Steinmauern der Festungsstädte in Gallien*
3. **Rammbock:** *Holzbalken mit Eisenkopf, um die Mauer zu durchbrechen*
4. **Belagerungsrampe:** *eine 24 m hohe Angriffsplattform aus Holzstämmen und Erde*
5. ***Testudo:*** *eine „Schildkrötenformation" aus Schilden zum Schutz der Angreifer*
6. **Gallische Verteidiger:** *warfen Steine, Pfeile, heißen Sand und Fackeln auf die Römer.*
7. **Zugbrücke:** *wurde für die Legionäre vom Belagerungsturm abgesenkt.*
8. **Sturmleitern:** *Der Erste, der über die Mauer gelangte und überlebte, bekam eine Goldkrone.*
9. ***Pilum*** **(Speer):** *Seine Spitze verbog sich beim Aufprall - er war dann unbrauchbar.*
10. **Kettenpanzer:** *Hemden aus Eisenringen, wurden im 1. Jh. n. Chr. durch Plattenpanzer ersetzt.*

KEINEN KÖNIG MEHR

Die Römer kannten viele Geschichten über ihren bösartigen und verhassten letzten König, einen Etrusker namens Tarquinius „der Stolze“. Nachdem ihn die Römer vertrieben hatten, beschlossen sie, sich nie wieder von einem König beherrschen zu lassen. Das republikanische System verhinderte, dass ein Einzelner zu mächtig wurde.

DER AUFSTIEG

NACH RÖMISCHER ÜBERLIEFERUNG wurde Rom 753 v. Chr. gegründet und von sieben Königen beherrscht. Sicher ist, dass es um 366 v. Chr. eine Republik geworden war, die von gewählten Beamten, den Magistraten, regiert wurde. Roms Staatsoberhäupter und Armeekommandeure waren die alljährlich gewählten beiden Konsuln. Sie leiteten eine Versammlung aus Exmagistraten, den Senat, der die Macht hatte, Kriege zu erklären und neue Gesetze einzuführen. Diese Republik brachte Rom an die Macht. Zuerst kontrollierte es Italien, dann gewann es viele Kriege gegen fremde Völker wie die Karthager in Nordafrika, die Makedonier, die in Griechenland und im Nahen Osten herrschten, und die Gallier.

Bronzestatue eines etruskischen Kriegers

POMPEJUS DER GROSSE

Der römische Feldherr Pompejus (106–48 v. Chr.) eroberte große Teile des Nahen Ostens und durfte sich Magnus („der Große“) nennen. Diese Ehre freute ihn sehr, denn sein Vorbild war der berühmte makedonische Eroberer Alexander der Große. Diese Büste zeigt ihn sogar mit Alexanders Frisur.

__Hannibal__ reitet auf einem Kriegselefanten in Italien ein – Szene aus einem italienischen Gemälde von 1508.

HANNIBAL

218 v. Chr. fiel der geniale karthagische Feldherr Hannibal in Italien mit einer Armee samt 37 Elefanten ein. Nach mehreren großen Siegen zog er 16 Jahre lang durch Italien. Doch die Römer gaben sich nicht geschlagen und blieben am Ende Sieger.

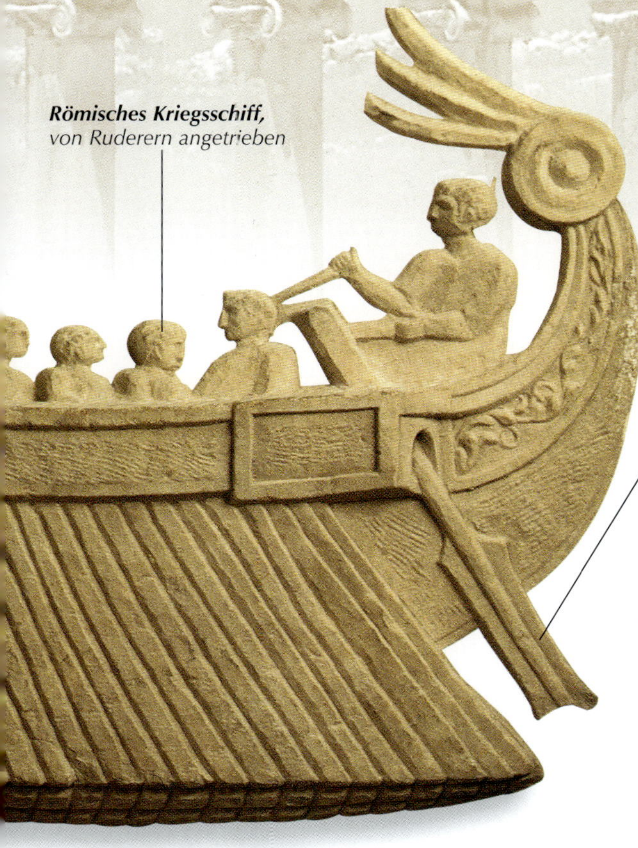

***Römisches Kriegsschiff,** von Ruderern angetrieben*

Steuerruder

NEUE SEEMACHT

Um gegen die Karthager zu kämpfen, die eine große Seemacht waren, mussten die Römer ihre eigene Flotte bauen. 264 v. Chr. bemächtigten sie sich eines gestrandeten karthagischen Kriegsschiffs und bauten nach seinem Vorbild ihre eigenen Schiffe. Dann erlernten sie die Seekriegstechnik.

Julius Cäsar

DIE GIER NACH RUHM

Römische Politiker wie Pompejus und Julius Cäsar (rechts, um 100–44 v. Chr.) waren höchst ehrgeizige Männer, für die militärische Siege Mittel zu Macht, Reichtum und ewigem Ruhm waren. Sie konkurrierten nicht nur untereinander, sondern auch mit den bedeutenden Männern der Vergangenheit wie Alexander dem Großen.

DIE EROBERUNG VON GALLIEN

Zwischen 58 und 50 v. Chr. eroberte Cäsar große Teile Galliens (Frankreichs) und führte zwei kühne Expeditionen nach Britannien. Um sich selbst ein Denkmal zu setzen, schrieb er das Buch „Über den gallischen Krieg". Cäsars Bücher sind die einzigen erhaltenen Berichte über Feldzüge, die ein antiker Feldherr schrieb.

Dieses Relief zeigt einen grimmigen römischen Soldaten und einen gallischen Krieger.

***Nachbau** von Cäsars Belagerungsanlagen bei Beaune in Frankreich*

***Wachtürme** umsäumen alle 25 m die gallische Festung.*

***Pfähle** verhinderten, dass die Gallier über den Wall kletterten.*

BELAGERUNGSANLAGEN

Für einen Sieg scheute Julius Cäsar keine Mühen. Um die gallische Festung Alesia einzunehmen, umgab er sie mit einem 16 km langen massiven Holzwall mit zwei breiten Gräben davor. Dahinter ließ Cäsar eine zweite Verteidigungsanlage errichten, um sich und seine Armee vor einem Angriff von hinten zu schützen.

Helmbusch *für Militärparaden*

Legionärshelm

MARSCHBEFEHL

RÖMISCHE FUSSSOLDATEN, die Legionäre, waren nicht tapferer als die meisten anderen antiken Krieger, wie etwa die Gallier, die Avaricum verteidigten. Ihr Erfolg beruhte auf Disziplin und Organisation. Neue Rekruten lernten im Gleichschritt zu marschieren und sich auf dem Schlachtfeld nach Trompetensignalen als eine einzige Masse zu bewegen. Körperliches Training wie Laufen und Schwimmen machte sie sehr fit. Bei Ungehorsam oder Feigheit gab es harte Strafen. Wer seinen Wachposten verließ oder im Dienst einschlief, wurde von anderen Soldaten zu Tode geschlagen. Für Tapferkeit gab es Orden wie die *corona muralis* – diese Goldkrone wurde dem Belagerer verliehen, der die Mauer als Erster überwand.

SOLDATEN ALS BAUARBEITER

Legionäre waren Kämpfer und Bauarbeiter. Nach einem Tagesmarsch mussten sie ein Lager mit Verteidigungsgräben und Wällen mit Holzpfählen errichten. Sie bauten auch Festungen aus Holz und Stein. Ein römisches Fort war wie eine Kleinstadt, mit Straßen, Marktplatz, Werkstätten, Kornkammern (für Brot), einem Lazarett und einem Badehaus.

Legionäre *bauen ein Fort aus Stein.*

RÖMISCHE LEGION

Im späten 1. Jh. n. Chr. gab es 28 römische Legionen oder Armeen, jeweils etwa 5500 Mann. Eine Legion bestand aus zehn Divisionen, den Kohorten, die in kleinere Einheiten, die Zenturien, unterteilt waren. Es gab auch 120 Reiter, die Kundschafter und Boten der Legion.

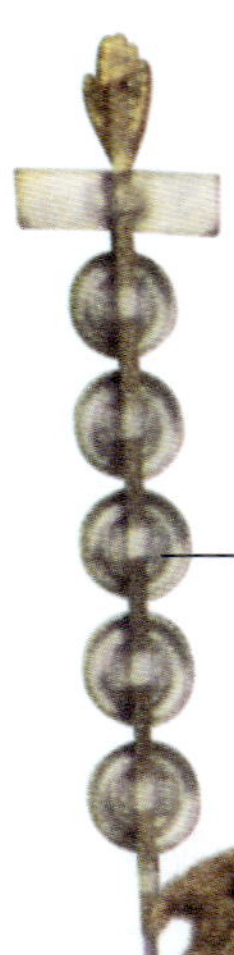

Standarte

Zenturio

EINE ZENTURIE

Jede römische Zenturie, etwa 80 Mann, unterstand einem Offizier, dem Zenturio, der einen quergestellten Helmbusch trug. Es gab auch einen *cornicen* (Trompeter) und einen *signifer* (Standartenträger). Die Standarte galt als heilig. Sie in Feindeshand geraten zu lassen war die größte Schande.

TÖTUNGSWERKZEUGE

Im Kampf trug ein Legionär vier Waffen. Er hatte zwei Speere, die er gegen den Feind schleuderte. Im Nahkampf zog er seinen *gladius*, ein Kurzschwert, mit dem er nach seinem Gegner stach und nicht schlug. Verlor oder zerbrach er es, blieb ihm noch ein kurzer „Notdolch“, der *pugio*.

***Schwertscheide**, wurde an der rechten Seite getragen*

gladius *oder Kurzschwert*

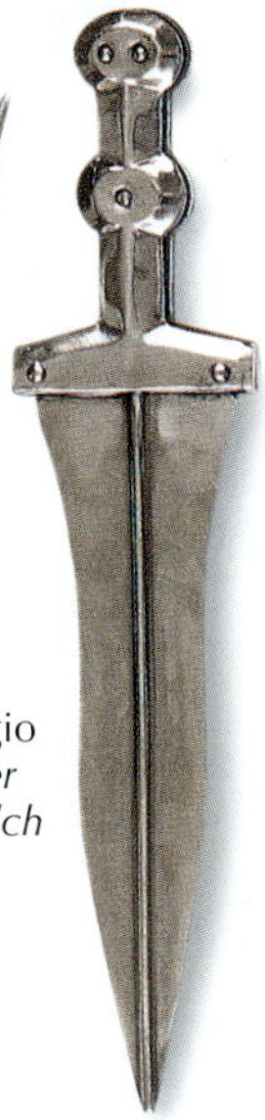

pugio *oder Dolch*

***Der Spieltisch** ruhte auf den Knien der Spieler.*

***14-seitiger Glücksspielwürfel** mit römischen Zahlen auf jeder Seite*

GLÜCKSSPIEL

Die Soldaten widmeten sich in ihrer freien Zeit wohl auch Brettspielen und dem Glücksspiel. Es gibt sogar einen Beleg, dass sie einander zu betrügen versuchten. Im Fort von Vindolanda in Nordengland fand man einen „gezinkten“ sechsseitigen Würfel, der immer mit der Sechs nach oben landete.

VERTEIDIGUNG DES REICHS

Als beste Soldaten in der römischen Armee mussten Legionäre vor allem fremde Länder erobern oder Aufstände unterdrücken. Die Verteidigung der Reichsgrenzen übernahmen die *Auxilien*, Soldaten, die keine römischen Bürger waren. Der Hadrianswall quer durch Nordengland wurde von Legionären errichtet, aber mit *Auxilien* bemannt.

SULLA
88 v. Chr. stritt sich der Feldherr Sulla mit seinem Rivalen Marius um das Kriegskommando im Osten. Als Marius es übernehmen sollte, marschierte Sulla nach Rom und zwang Marius zur Flucht. Sulla führte als erster römischer Feldherr seine Armee nach Rom. Seinem Beispiel folgten später Julius Cäsar und Oktavian.

Dieses Gemälde zeigt Sulla, wie er seine Armee nach Rom führt.

REPUBLIK WIRD REICH

IM 1. JH. V. CHR. GAB ES eine Reihe von Bürgerkriegen. Ehrgeizige römische Politiker kämpften miteinander um die Macht und das republikanische System wurde zerstört. Dies begann 88 v. Chr. mit einem Konflikt zwischen den rivalisierenden Feldherren Marius und Sulla. 48 v. Chr. besiegte Julius Cäsar seinen Feind Pompejus und ernannte sich zum Diktator – also praktisch zum König. Um die Republik zu retten, erstach eine Gruppe Senatoren Cäsar. Der Mord wurde in einem neuen Bürgerkrieg von Cäsars Freund Markus Antonius und seinem Adoptivsohn Oktavian gerächt. Beide teilten das Reich unter sich auf – und wurden Feinde. 31 v. Chr. schlug Oktavian Antonius in der Seeschlacht bei Aktium in Griechenland. Er nannte sich nun Augustus und wurde Roms erster Kaiser.

MARKUS ANTONIUS
Nach dem Sieg über Cäsars Mörder teilten sich Markus Antonius und Oktavian das Reich: Antonius herrschte im Osten, Oktavian im Westen. Um ihre Allianz zu festigen, heiratete Antonius Oktavians Schwester. Doch als er seine Frau wegen Kleopatra, der Königin Ägyptens, verließ, wurde Oktavian sein Feind.

AKTIUM
Die Schlacht bei Aktium, in der Oktavian Antonius schlug, beendete die Bürgerkriege. Nach seiner Niederlage floh Antonius nach Ägypten und tötete sich. Der berühmte Konflikt wurde noch Jahrhunderte später von Künstlern gemalt. Dieses Bild der Schlacht entstand 1476–1480 und stammt von dem Italiener Neroccio de' Landi.

Rex Harrison als Julius Cäsar

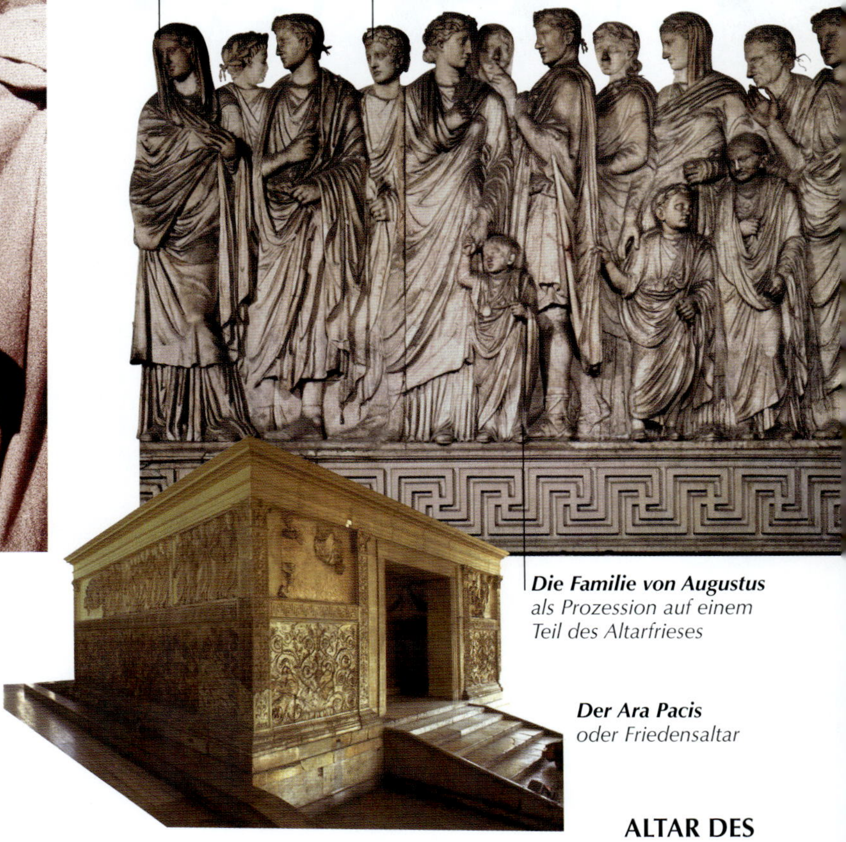

***Julia**, die Tochter von Augustus*

***Senatoren** mit Lorbeerkränzen auf dem Kopf*

***Die Familie von Augustus** als Prozession auf einem Teil des Altarfrieses*

***Der Ara Pacis** oder Friedensaltar*

DIE ERMORDUNG CÄSARS

Julius Cäsars Fehler war es, wie ein König aufzutreten. Er gab sogar Münzen mit seinem Porträt heraus, eine Ehre, die zuvor nur berühmten Römern nach ihrem Tod zuteil geworden war. Am 15. März 44 v. Chr. wurde er im Senat erstochen und starb vor einer Statue seines alten Rivalen Pompejus. Oben eine Szene aus dem Film *Cleopatra* (1962), der diese berühmte Geschichte nacherzählt.

ALTAR DES FRIEDENS

Nach den Bürgerkriegen begrüßten die meisten Römer den Frieden, den Augustus brachte. In Rom feierte er das Ende der Kriege, indem er einen der Göttin des Friedens geweihten Tempel erbauen ließ. Der Altarfries zeigt seine gesamte Familie in einer religiösen Prozession. Dies war nun die offizielle Königsfamilie Roms.

***Die Flotten** rammten einander in der Schlacht von Aktium und versuchten, die Schiffe des Gegners zu versenken.*

***Augustus** wurde 75 Jahre alt, aber seine Statuen stellen ihn stets als schönen Jüngling dar.*

Um nicht ermordet zu werden, trug Augustus einen Brustpanzer unter der Toga.

KAISER AUGUSTUS

Augustus war zwar durch den Krieg an die Macht gekommen, das Reich regieren aber konnte er nur mithilfe der Senatoren, der führenden Männer Roms. Er behauptete, die Republik wiederhergestellt zu haben, und sicherte sich so für seine Handlungen die Zustimmung des Senats. In Wahrheit lag also alle Macht bei ihm – genau wie bei allen Kaisern nach ihm.

Kolosseum

Mitten in Rom steht eine gewaltige Ruine – das Kolosseum. Es war einst das größte Amphitheater der antiken Welt, ein Freiluftbau für öffentliche Veranstaltungen. Vor fast 2000 Jahren sahen sich hier bis zu 50000 Zuschauer Tierjagden, öffentliche Hinrichtungen und vor allem die Gladiatoren an. Mit Schwertern, Netzen und Dreizacken bewaffnet, fochten Gladiatorenpaare erbitterte Einzelkämpfe aus, bis einer tot war oder um Gnade bat. Hatte der Verlierer gut gekämpft, schrie die Menge: „Lass ihn leben!“ Andernfalls hieß es: „Erledige ihn!“ Die letzte Entscheidung über Leben oder Tod lag beim Kaiser, der einen Ehrenplatz besaß.

EIN GANG DURCH DAS KOLOSSEUM

1 **Mauerkern aus Ziegeln, mit Stein verkleidet:** *Das Bauwerk besaß vier Ränge und war etwa 50 m hoch.*

2 **Westeingang:** *Hier marschierten die Gladiatoren in einer Prozession in die Arena ein.*

3 **Sitzreihen:** *Roms Senatoren saßen vorn im ersten Rang, neben der Loge des Kaisers.*

4 **Unterirdische Gänge:** *Unter einem Holzboden wurden hier Gefangene und Tiere in Käfigen gehalten.*

5 **Masten:** *Sie hielten Leinwandsegel, die die Menge an heißen Tagen vor der Sonne schützten.*

6 **Secutor:** *„Verfolger", ein Gladiator mit Schwert, Schild und* manica *(„Armschutz")*

7 **Helm:** *Diese Art war eiförmig und glatt, um sich nicht im Netz des* Retiarius *zu verfangen.*

8 **Retiarius:** *„Netzmann", versuchte den* Secutor *mit dem Netz zu fangen und mit dem Dreizack zu töten.*

9 **Galerus:** *metallenes Schulterteil, schützte Hals und Kopf des helmlosen* Retiarius

10 **Lanista:** *der Trainer der Gladiatoren, fungierte beim Kampf als Schiedsrichter.*

11 **Arena:** *mit Sand bedeckter Kampfbereich.* Arena *ist das lateinische Wort für „Sand", der das Blut aufsaugte.*

DIE GLADIATOREN

Die bekanntesten Gladiatoren waren der *Retiarius* und der *Secutor*, die regelmäßig miteinander Kämpfe austrugen. Es gab noch mehrere andere Arten. Am schwersten bewaffnet war der *Hoplomachus*, der Arm- und Beinschutz, einen großen Helm, einen Wurfspeer und einen schüsselförmigen Schild besaß. Der *Murmillo* („Fischmann") trug einen Helm mit einem Fischsymbol. Er kämpfte oft gegen den *Retiarius* („Netzmann").

BROT UND SPIELE

DER DICHTER JUVENAL SAGTE, die Römer würden nur zwei Dinge interessieren: „Brot und Zirkusspiele". Das „Brot" ließ der Kaiser jeden Monat an alle Bürger Roms kostenlos verteilen. Die „Zirkusspiele" waren die Wagenrennen, eine von vielen, vom Kaiser bezahlten öffentlichen Veranstaltungen, wie Theateraufführungen, Gladiatorenkämpfe und gespielte Seeschlachten in künstlich gefluteten Amphitheatern. Das Volk sah auch gern wilde Tiere aus fernen Ländern, die im Kolosseum getötet oder auf zum Tod verurteilte Verbrecher gehetzt wurden. Ähnliche, kleinere Vorführungen gab es in Amphitheatern und auf Rennbahnen im ganzen Reich.

RIESENSTADIEN

Die größten und eindrucksvollsten Bauwerke in Rom waren der *Circus Maximus* – die „größte Rennbahn" – und das Kolosseum, das eigentlich Amphitheater der Flavier hieß, nach der Kaiserfamilie, die es geplant und erbaut hatte. Der von vielen römischen Politikern und Kaisern erweiterte *Circus Maximus* konnte bis zu 255 000 Zuschauer fassen – fünfmal so viele Menschen wie das Kolosseum.

Commodus trug im Stil von Herkules ein Löwenfell als Kopfschmuck.

GLADIATORENKAISER

Der blutrünstige Kaiser Commodus liebte die Aufführungen so sehr, dass er selbst Gladiator wurde. Im Kolosseum kämpfte er gegen Gladiatoren, die stumpfe Waffen hatten, und tötete Giraffen, Strauße und zahme Tiger. Commodus wollte als zweiter Herkules gelten, wie ein legendärer römischer Held hieß.

Der Kaiser *in seiner Loge im Kolosseum*

TIERKNAPPHEIT

Der große Bedarf an wilden Tieren für die römischen Amphitheater wirkte sich verheerend auf die Tierwelt aus. Löwen, Tiger und andere Tiere waren bald immer schwerer aufzutreiben. Im frühen 5. Jh. n. Chr., als dieses Elfenbeinrelief entstand, waren offenbar Bären die exotischsten Tiere für das Kolosseum.

THEATER

Das Theater, eine griechische Erfindung, wurde von den Römern übernommen, die Pantomime, Komödien und blutige Tragödien liebten. Das Publikum bestand aus reichen und gebildeten Bürgern, die ihre Häuser oft mit Dramenszenen oder Schauspielermasken schmückten. Das Mosaik aus Pompeji (links) zeigt Schauspieler, die vor einer Vorstellung ihre Kostüme anziehen.

Geschnitzte Maske aus einer römischen Tragödie

Römische Schauspieler *traten wie die Griechen mit Masken auf, die das komische oder tragische Thema des Stücks aufnahmen.*

RENNFAHRER

Die Wagenlenker, die bei den Rennen im *Circus Maximus* ihr Leben riskierten, gehörten vier nach einer Farbe benannten Teams an. Jedes Team hatte seine Fans, die die Wagenlenker anfeuerten und randalierten, wenn ihre Favoriten verloren. Führende Wagenlenker waren so berühmt wie heutige Fußballstars und ihre Porträts konnte man in ganz Rom sehen. Hier eine Szene aus dem Film *Ben Hur* (1959).

Bögen, aus Stein erbaut

AQUÄDUKTE

Der 2000 Jahre alte *Pont du Gard* in Frankreich ist Teil eines Aquädukts, eines Bauwerks zur Beförderung von Wasser. Die Erbauer mussten dafür sorgen, dass das Wasser über die 50 km lange Strecke von der Quelle bis zur Stadt Nîmes stets leicht bergab floss, so auch über diese Brücke.

***Tempel des Augustus und der Livia** in Vienne, Frankreich*

BAUMEISTER

DIE RÖMER WAREN SO GESCHICKTE BAUMEISTER, dass viele ihrer Amphitheater, Tempel, Brücken und Straßen noch heute existieren. Zwei typische Merkmale des römischen Baustils sind der Bogen und die Verwendung von Beton. Ein Bau mit Bögen ist so stark wie einer mit festen Mauern, doch viel rascher zu errichten. Beton, eine römische Erfindung, bestand aus Bruchsteinen in einem klebrigen Mörtel aus gebranntem Kalk, Pozzolana (Vulkanasche) und Wasser. Je nach Größe und Gewicht der Bruchsteine war der Beton leicht, zum Bau von Decken, oder stark, zum Bau tragender Wände. Die Römer konnten mit diesen Techniken in kurzer Zeit große Bauten errichten.

***Diese eingelassenen Quadrate** verringerten das Gewicht der Kuppel*

GRIECHISCHER STIL

Die Römer kopierten die griechische Architektur und bauten Tempel mit Säulenreihen, die Giebeldreiecke als Raum für Statuen trugen. Doch während die griechischen Tempel aus behauenen Steinblöcken erbaut waren, benutzten die Römer billigere, massenhaft produzierte Ziegel und Beton. Teurer behauener Stein wurde nur für die Außenflächen der Gebäude verwendet.

Senkblei

Meißel

Zirkel

BERUFSTYPISCHE WERKZEUGE

Die römischen Ingenieure, die Aquädukte und Tempel entwarfen, waren sehr begabt und gut ausgebildet. Manche waren so stolz auf ihre Arbeit, dass sie die Werkzeuge auf ihren Grabstein meißeln ließen. Dieses Grab enthält Zeichendreiecke zur Markierung rechter Winkel und ein Senkblei – eine Schnur mit einem Gewicht zum Überprüfen senkrechter Linien.

Zeichendreieck

***Bleirohre** aus einer Pumpe, die einen Wassertank füllten*

***Römischer Brunnen** in Fontfroide, Frankreich*

WASSERLEITUNGEN

Erreichte das Wasser aus einem Aquädukt eine Stadt, wurde es in Tanks geleitet. Von dort floss es durch Rohre in die Häuser der Reichen, öffentlichen Bäder und Straßentrinkbrunnen. Diese Wasserleitungen waren aus Blei, das wegen seiner Giftigkeit heute nicht mehr verwendet wird.

***Das Pantheon** diente später als Kirche.*

ÖFFENTLICHE TOILETTEN

In vielen Städten gab es öffentliche Toiletten, wo sich dutzende von Menschen nebeneinander hinsetzen konnten. Unter ihnen spülte Wasser die Ausscheidungen weg. Ein zweiter Kanal verlief zu Füßen der Sitzenden, die darin an Stöcken die Schwämme auswuschen, die sie gemeinsam zum Abputzen benutzten.

KUPPELN

Indem die Römer eine Reihe von Bögen verbanden, konnten sie einen breiten Raum mit einer Kuppel überdachen. Die älteste existierende Kuppel ist die des Pantheons in Rom – einem 128 n. Chr. vollendeten Tempel für alle Götter. Diese fantastische Betonkuppel ist ein technisches Meisterwerk. Sie wurde ohne Stahlarmierungen erbaut, die in heutigen Bauten Risse im Beton verhindern.

Diese Skulptur zeigt römische Straßenbauer, die die Oberfläche feststampfen.

***Eine 5 m breite Pflasterstraße** bei Blackstone Edge in England*

RÖMISCHE STRASSEN

Kämpften die Soldaten nicht, mussten sie oft lange, gerade Straßen bauen, die zu den besten je erbauten Straßen zählen. Sie ruhten auf tiefen Fundamenten und Schichten aus Sand, Kies und verschieden großen Steinen. Von der gewölbten Oberfläche floss das Regenwasser in Gräben zu beiden Seiten ab. Römische Straßen wurden noch lange nach dem Untergang des Reichs benutzt, z. T. bis heute.

VERSUNKENES POMPEJI

UNTER DER HEISSEN SONNE ITALIENS graben Archäologen im 20. Jh. Pompeji aus, Schauplatz einer der schlimmsten Naturkatastrophen der Welt. Am 24. August 79 n.Chr. brach der Vulkan Vesuv aus, der über Pompeji aufragte, und spie eine dicke Wolke aus Asche, Bimsstein und giftigen Dämpfen aus. Es war, als ob der Tag zur Nacht geworden wäre, als die tödliche Wolke auf die Stadt niederging. In wenigen Stunden war Pompeji begraben.

EINE STADT UNTER DER ASCHE

1 **Vesuv:** *Der Ausbruch sprengte seine Spitze weg – zurück blieb ein riesiger Krater.*

2 **Straßenniveau:** *Die Archäologen graben 3-5 m tief bis auf das römische Straßenniveau.*

3 **Körperabgüsse:** *In die von den Opfern hinterlassenen Hohlräume wird Gips gegossen.*

4 **Plinianische Eruption:** *eine hohe Wolke aus Vulkangestein und -asche*

5 **Lapilli:** *vulkanische „Kiesel", die vom Himmel regneten und sich in der Stadt auftürmten*

6 **Brände:** *Sie wurden gleich von der vom Himmel fallenden Asche erstickt.*

7 **Tödliches Gas:** *Die meisten Menschen erstickten vermutlich an den giftigen Dämpfen.*

8 **Schäden:** *Das Gewicht des Bimssteins und der Asche ließ viele Gebäude einstürzen.*

9 **Hundeschicksal:** *Ein Abguss wurde auch von einem Hund gemacht, der qualvoll starb.*

10 **Versteck:** *Der Abguss dieses Opfers zeigt, dass er sein Gesicht bedeckte, um sich vor den Giftgasen zu schützen.*

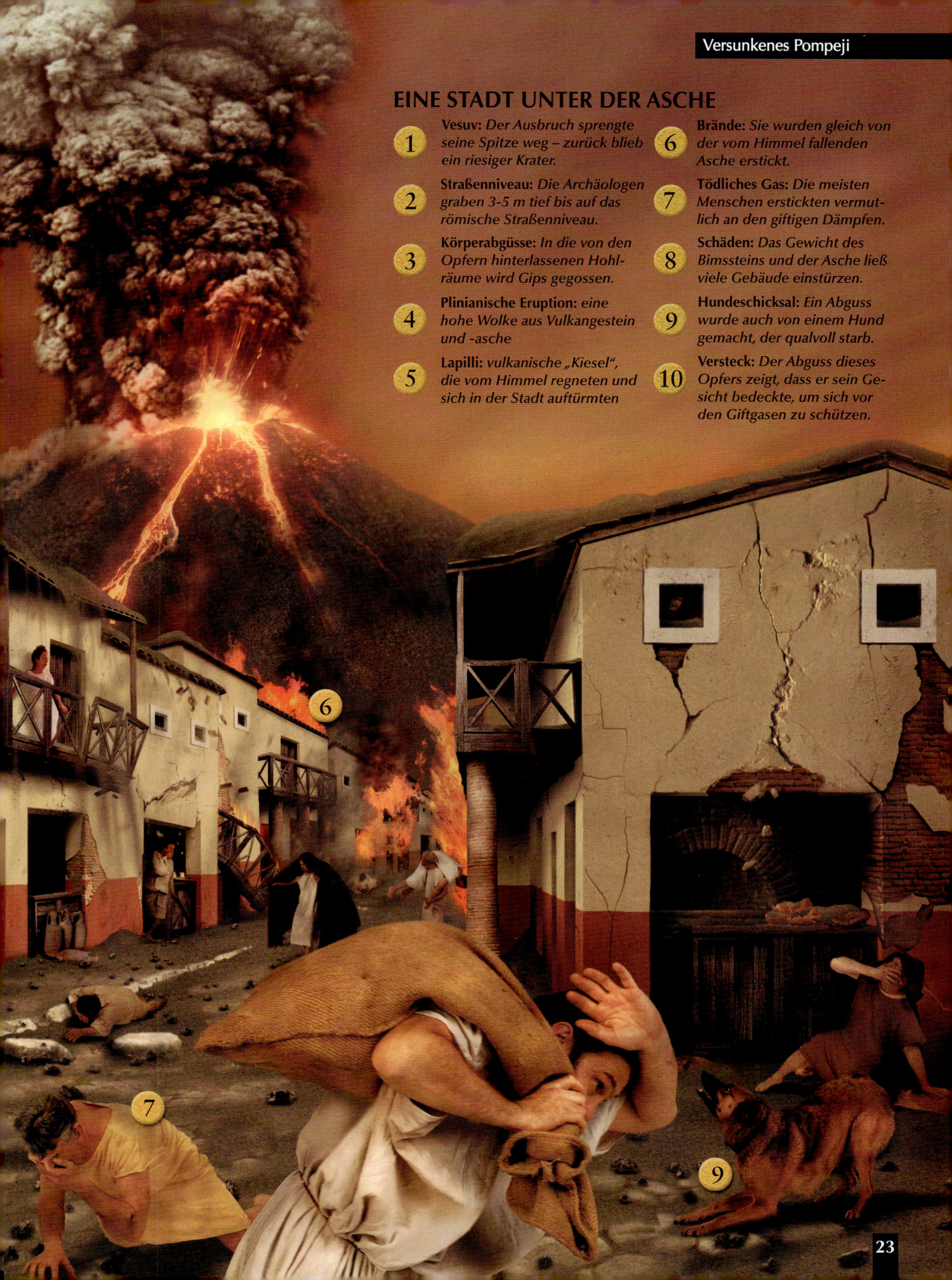

HERCULANEUM

Die Stadt Herculaneum war Pompejis Nachbarin und wurde nach dem Vulkanausbruch unter 15-18 m hohem kochendem Schlamm begraben. Viele organische Materialien wurden hier durch den Prozess der teilweisen Verbrennung, die Karbonisation, konserviert: Holzmöbel, ein Bootsrumpf, Kleidung, Brotlaibe in einem Ofen und 1200 Schriftrollen – Bücher aus der Bibliothek von Julius Cäsars Schwiegervater.

Eines von 300 in Herculaneum gefundenen Skeletten

ZEITREISE

DIE STADT POMPEJI IST NUR EINE von zahlreichen römischen Ausgrabungsstätten. Alle Länder ums Mittelmeer sind reich an römischen Überresten wie Städten, Festungen, Villen und Straßen. Meeresarchäologen durchsuchen den Meeresboden nach antiken Wracks. Einige der besten Funde stammen von römischen Müllhalden. In einer Halde im Fort von Vindolanda in Nordengland entdeckten Archäologen über 1000 Briefe auf dünnen Holztäfelchen. Gewöhnlich verfault Holz rasch im Boden, aber diese Briefe blieben in der wassergetränkten Erde erhalten. Wenn wir den Brief eines alten Römers lesen, spüren wir, wie die lange zurückliegende Vergangenheit wieder zum Leben erwacht.

SKELETTE

Skelette wie dieses aus Herculaneum verraten viel über Gesundheit und Lebensweise der alten Römer. Knochen weisen oft Anzeichen von Krankheiten und von guter oder schlechter Ernährung auf. Skelette aus Herculaneum deuteten auf eine Bleivergiftung hin, die vielleicht durch Töpfe und Wasserrohre aus Blei oder durch Kosmetika auf Bleibasis verursacht wurde.

Dünnes Holzblättchen *– etwa so groß wie eine heutige Postkarte*

RÖMISCHE BRIEFE

Die Vindolanda-Täfelchen enthalten Einkaufslisten, eine Geburtstagseinladung – und die Bitte eines Soldaten an einen Offizier, nicht „mit Ruten geschlagen“ zu werden. Sie sind auch seltene Beispiele der römischen Handschrift.

FREIGELEGTE WUNDER

Anders als römische Gemälde können Mosaiken – Bilder aus kleinen, farbigen Kacheln – Jahrtausende überdauern. Einige der schönsten Beispiele wurden in Herculaneum gefunden, wie dieses Bild des Meeresgottes Neptun und seiner Frau Salacia (besser bekannt unter ihrem griechischen Namen Amphitrite). Es wurde an der Wand eines Speiseraums im Freien gefunden.

Im Sommer ruhten die Gäste auf drei Liegen um einen zentralen Pool.

***Neptun**, der Gott des Meeres*

***Salacia**, in der römischen Mythologie die Göttin des Meeres*

***Heizungen** wie dieses finden sich in allen Regionen, die einst zum Römischen Reich gehörten.*

ZENTRALHEIZUNG

Dies ist das *caldarium*, der „heiße Raum" eines Badehauses, im römischen Fort von Chesters in Nordengland. Deutlich sieht man, dass der Fußboden von Kachelstapeln abgestützt wird. Dieser erhöhte Fußboden war Teil des *hypocaustum*, eines Heizungssystems, bei dem Heißluft aus einem Ofen unter dem Boden und durch Hohlziegel in den Wänden strömte.

***Archäologen** konservieren ein Mosaik mit wilden Tieren.*

STUDIUM EINES MOSAIKS

Jeder Archäologe, der an einer römischen Fundstätte gräbt, träumt davon, ein Mosaik zu finden. Mosaiken sind nicht nur schön, sondern enthalten auch wertvolle Informationen. Experten heute kennen verschiedene Künstlerschulen, die ihre eigenen Stile, Arbeitsmethoden und Lieblingsmuster und -themen hatten. Am beliebtesten sind Bilder der wechselnden Jahreszeiten, wilder Tiere und Szenen aus der römischen Mythologie.

FRAUEN

Römische Frauen hatten weniger Rechte als Männer. Sie durften nicht wählen und kein politisches oder juristisches Amt ausüben. Für die Römer gehörte eine Frau ins Haus und zog Kinder auf. Dennoch konnten Frauen Grundbesitz haben und ihr eigenes Geschäft führen. Viele spielten auch eine wichtige öffentliche Rolle in der Religion, als Priesterinnen.

GESELLSCHAFT

DIE RÖMISCHE GESELLSCHAFT war in verschiedene Klassen mit unterschiedlichen Rechten unterteilt. Die einfachste Unterscheidung war die zwischen Freien und Sklaven. Sklaven waren Männer, Frauen oder Kinder, die gekauft und verkauft und als Eigentum behandelt wurden. Die Freien bestanden aus zwei Gruppen: den Bürgern und den Nichtbürgern oder *peregrini* („Ausländern"). Bürger zahlten weniger Steuern als *peregrini* und hatten mehr Rechte. Auch sie bildeten verschiedene Klassen. Ganz oben standen die Senatoren, die Herrscherklasse von Rom. Sie befehligten Legionen, regierten Provinzen und amtierten als Priester. Darunter gab es die *equites* (Ritter), die zum Teil für den Kaiser im In- und Ausland arbeiteten. Schließlich kam die große Masse der normalen Bürger – Kleinbauern, Händler und die Legionäre (Soldaten) der römischen Armee.

***Haussklave** auf einem Mosaik aus Sizilien*

HAUSSKLAVEN

Sklaven führten ein unterschiedliches Leben. Am schwersten hatten es Sklaven als Bergleute oder Landarbeiter – oft waren sie angekettet, damit sie nicht wegliefen. Haussklaven erging es viel besser, besonders bei reichen Herrn. Viele wuchsen als Kinder von Sklaven mit dem Gefühl auf, zur Familie ihres Besitzers zu gehören.

FREIGELASSENE

Manche Sklaven konnten Geld sparen und sich freikaufen, andere wurden als Lohn für treue Dienste freigelassen. Freigelassene betätigten sich oft als Ladeninhaber. Dieser Metzger war ein Freigelassener, der so reich wurde, dass er sich ein Grabrelief leisten konnte. Es zeigt ihn bei der Arbeit – und wie stolz er auf sein Handwerk war.

DER SENAT

Dies ist das *Forum Romanum* – der Regierungssitz, an dem die Senatoren zu Sitzungen in der *curia*, dem Senat, zusammenkamen. In der Zeit der Republik wurden hier Gesetze erlassen und Entscheidungen über Krieg und Frieden getroffen. Die Macht wurde später zwar vom Kaiser übernommen, aber der Senat behielt sein soziales Ansehen.

***Die bedeckten Köpfe** zeigen, dass diese Männer Priester sind.*

BÜRGER IN TOGA

Der soziale Rang zeigte sich bereits an der Kleidung. Nur Bürger durften eine Toga tragen, ein schweres Wollgewand mit kompliziertem Faltenwurf. *Equites* waren an einem schmalen Purpurstreifen auf ihrer Tunika, Senatoren an einem breiten Purpurstreifen zu erkennen.

AUFSTIEG ZUM BÜRGER

Nichtbürger konnten Bürger werden und durften dann eine Toga tragen – wie der Bäcker Terentius Neo (hier ein Porträt mit seiner Frau). Nichtbürger, die bei der Armee als *Auxilien* (Hilfstruppen) dienten, bekamen zwar weniger Sold als die Legionäre, konnten aber beim Ausscheiden Bürger werden. Auch Ausländer erhielten oft die römische Staatsbürgerschaft, als Lohn für ihre Dienste oder um ihre Loyalität zu gewinnen.

***Terentius Neo** hält eine Schriftrolle, seine Frau ein Wachstäfelchen und einen Schreibgriffel. Vielleicht nahmen sie solche teuren und „intellektuellen" Dinge in ihr Porträt auf, um ihren neuen Status zu demonstrieren.*

BÜRGERSCHAFT FÜR ALLE

Im Laufe der Zeit nahm die Zahl der Bürger zu. Im Jahr 212 n. Chr. machte Kaiser Caracalla jeden freien Mann im Reich zum Bürger. Vermutlich tat er dies, um mehr Geld einzunehmen – denn Caracalla hatte neue Steuern nur für Bürger eingeführt.

***Steuereintreibung** – Szene auf einem römischen Altar*

BELEBTER HAFEN

Diese Münze von Kaiser Nero feiert die Fertigstellung eines neuen Hafens für Rom in Ostia an der Tibermündung im Jahr 64 n. Chr. Zu sehen sind Kais, Frachter und eine Statue des Meeresgottes Neptun auf einem neuen Leuchtturm. Ostia wurde der Haupthafen für die Versorgung Roms mit Getreide, das meist in Sizilien und Nordafrika angebaut wurde.

***Der Gott des Tibers** bewacht die Flusseinfahrt.*

***Frachtraum** – enthielt z. B. Weinamphoren und Kornsäcke*

WIRTSCHAFT

DIE HERRSCHAFT ROMS BRACHTE ALLEN LÄNDERN ums Mittelmeer Frieden. Dies belebte den Handel ungemein, da Kaufleute mit ihren Waren leichter von Land zu Land reisen konnten. Die römische Marine verfolgte Piraten, sodass Handelsschiffe das Mittelmeer befahren konnten, ohne Übergriffe befürchten zu müssen. Den Handel förderte auch die Verbreitung einer gemeinsamen Sprache – des Lateinischen im Westen und des Griechischen im Osten des Reichs. Hilfreich war außerdem eine einzige Währung: Von Ägypten im Süden bis Britannien im Norden galten die gleichen römischen Münzen. Der Reichtum Roms zog auch Kaufleute aus Ländern außerhalb des Reichs an, die Seide aus China und Gewürze aus Indien und Arabien mitbrachten.

ERNTEMASCHINE

Zur Erhöhung der Getreideproduktion erfanden die Römer die Erntemaschine *vallum*. Das war ein großer Rahmen mit gezackter Kante auf Rädern, der durch ein Feld geschoben wurde, sodass die geschnittenen Ähren in den Rahmen fielen. Dies ging viel schneller als die Ernte mit Sicheln.

Steinrelief einer Ernteszene aus Gallien (Frankreich)

Ein Heben oder Senken des Griffs veränderte die Höhe der Schnittkante.

***Esel oder Maultier**. Maschinen wurden auch von Ochsen gezogen.*

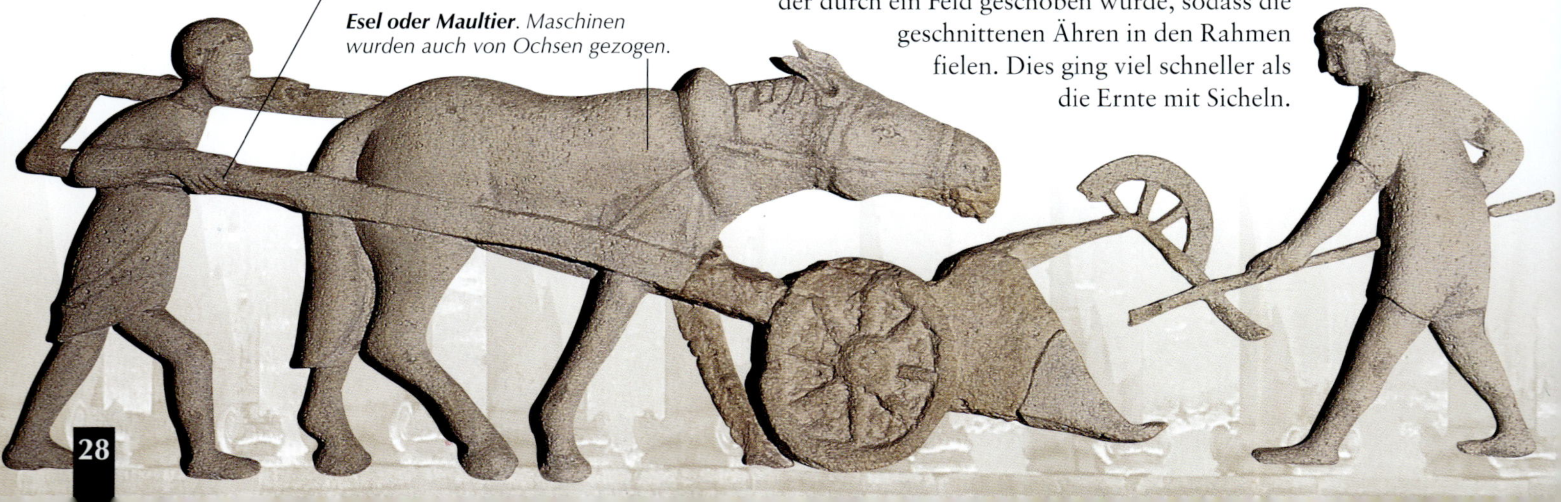

HANDELSSCHIFF

Römische Handelsschiffe hatten einen tiefen, breiten Rumpf, der große Frachten aufnahm und sie stabil, aber sehr langsam machte. Sie wurden von zwei quadratischen Segeln angetrieben, die nur bei Rückenwind eingesetzt werden konnten. Die Seeleute mussten also auf den richtigen Wind warten, bevor sie eine Fahrt antraten. Vor 2000 Jahren sah man solche Schiffe in jedem Mittelmeerhafen.

***Schwan** als Galionsfigur – galt als Glücksbringer für Schiff und Mannschaft*

Steuerruder

Amphore

AN DER BAR ENTSPANNEN

Dieses *thermopolium* – eine Bar für Getränke und Snacks – aus Pompeji zeigt die Annehmlichkeiten des Stadtlebens für normale Römer. Die Löcher in der Theke sind Öffnungen großer Krüge, die einst Speisen enthielten. Um diese Bar standen die Besucher und plauderten bei einem Becher Wein.

KOSTBARES GLAS

Roms Glaskünstler waren überaus geschickt. Sie lernten Vasen mit verschiedenfarbigen Schichten herzustellen. Die äußere helle Schicht wurde dann teilweise entfernt und zu einer Kamee, einem Reliefbild, gestaltet, sodass der dunkle Untergrund sichtbar wurde. Wir wissen noch immer nicht genau, wie ihnen das gelang.

Nur 13 vollständige Glaskameenvasen sind erhalten.

UNTER DER ERDE

Roms Reichtum wurde großenteils von Sklaven und Kriegsgefangenen produziert. Als Bergarbeiter bauten sie Eisen, Kupfer, Zinn, Blei, Gold und Silber ab. Ihre Arbeit war hart, gefährlich und ungesund. Wegen der Hitze in den finsteren Tunneln, in denen sie ihr elendes Arbeitsleben verbrachten, waren sie fast nackt.

Eisenerz

AMPHOREN

Eine Vorstellung vom Ausmaß des römischen Handels vermitteln die zahllosen Amphoren (Speicherkrüge), die überall im Mittelmeer gefunden wurden – Überreste antiker Wracks. Einst enthielten sie Wein, Olivenöl und *garum*, eine scharfe Fischsauce.

Haus des Fauns

Das grösste Haus in Pompeji ist das „Haus des Fauns“, so benannt nach der Statue eines tanzenden Fauns, die man unter den Überresten des Atriums fand, dem offenen Hauptraum des Gebäudes. Sein Besitzer war einer der reichsten und bedeutendsten Männer der Stadt. Jeden Morgen drängten sich hier die *clientes*, die dem Besitzer ihren Respekt erwiesen und ihn um einen Gefallen baten. Nacheinander führte ein Sklave sie zu ihrem „Patron“. Als Dank für seine Hilfe und seinen Schutz unterstützten ihn die *clientes*. Je mehr *clientes* ein Patron hatte, desto größer war sein Ansehen.

2
3
7
5

IN EINEM RÖMISCHEN ATRIUM

1 **Haus des Fauns:** *Dieser große römische* domus *(Stadthaus) nahm eine ganze* insula *(Block) der Stadt ein, mit einer Fläche von etwa 3000 m².*

2 **Atrium:** *Der offene Hauptraum eines reichen römischen Hauses, wo die Gäste und* clientes *empfangen wurden. Dieses Haus hatte viele Besucher.*

3 ***Peristylium*****:** *Gartenhof mit überdachten Säulengängen, die an heißen Tagen Schatten boten. Dahinter liegt ein zweites, noch größeres* peristylium.

4 ***Tablinum*****:** *Der kleine Seitenraum, wo der Besitzer des Hauses – der Mann auf der Liege – seine Besucher und* clientes *empfängt.*

5 ***Impluvium*****:** *Zierbecken mit Regenwasser, das durch eine Öffnung (*compluvium*) in der Decke fiel, die auch den Raum erhellte.*

6 **Der Faun:** *eine 80 cm hohe Bronzestatue eines tanzenden Fauns, eines freundlichen Wald- und Feldgeists. Wurde im* impluvium *der Ruinen gefunden.*

7 ***Clientes*****:** *Schützlinge des Hausherrn, der ihr Patron war und ihnen für ihre Dienste half. Sie waren in elegante Togen gehüllt.*

8 **Sklave:** *In einem Haus dieser Größe gab es dutzende Sklaven, die kochten, sauber machten, ihre Besitzer bedienten und ihnen sogar beim Ankleiden halfen.*

9 **Wandmalereien:** *ein dekorativ gemusterter Fries – eines von vielen Bildern, die die Wände im ganzen Haus schmückten.*

10 **Mosaikboden:** *Diese geometrischen (regelmäßigen) schwarzen und weißen Muster bestanden aus tausenden kleiner Keramikfliesen.*

MORGENTOILETTE

Die Römer standen bei Sonnenaufgang auf. Eine reiche Frau verbrachte viel Zeit beim Ankleiden. Sie ließ sich von Sklavinnen nach der neuesten Mode frisieren, parfümieren und schminken – etwa mit einer Mischung aus Ruß und Bärenfett zum Schwärzen der Augenbrauen und Rouge aus dem Bodensatz von Rotwein.

Wandgemälde – Frauen am Frisiertisch

Modell eines Wohnblocks in der römischen Hafenstadt Ostia

LEBEN UND FREIZEIT

DAS LEBEN DER REICHEN RÖMER unterschied sich erheblich von dem der Armen. Während sich die Reichen ein Luxusleben leisten konnten – in Villen wie dem Haus des Fauns –, lebten die Armen oft in kleinen Zimmern in vier- bis fünfstöckigen Wohnblocks. Dennoch konnten Arm und Reich den gleichen Vergnügungen nachgehen, etwa ein Amphitheater, eine Rennbahn oder ein Badehaus besuchen. Ein öffentliches Badehaus war in jeder Stadt ein wichtiges gesellschaftliches Zentrum. Hier konnten sich Menschen aus allen sozialen Schichten waschen, entspannen, Gymnastik und Sportarten wie Ringen betreiben. Mit der Errichtung großer Badehäuser hielten die Kaiser das Volk zufrieden.

***Palmzweig** – Preis für den Sieg in einem sportlichen Wettbewerb*

IN DEN BÄDERN

Männer und Frauen entspannten sich getrennt in öffentlichen Badehäusern. Oft gab es einzelne Bereiche für Männer und Frauen oder beide benutzten die Bäder zu verschiedenen Zeiten. Dieses Mosaik aus einem Privatbad auf Sizilien zeigt Sportlerinnen in „Bikinis" bei der Gymnastik und bei sportlichen Wettbewerben.

ESSENSZEIT

Nach dem Besuch der Bäder war es Zeit zum Abendessen, das spätnachmittags begann. Dabei lagen reiche Römer auf Liegen, stützten sich auf den linken Ellbogen und aßen mit den Fingern. Der Gastgeber unterhielt seine Gäste mit Tänzerinnen, Akrobaten oder einer Lesung aus einem neuen Buch.

WOHNBLOCKS

Römische Wohnblocks besaßen oft weder fließendes Wasser noch Toiletten oder Kochgelegenheiten. Die Menschen, die hier wohnten, verbrachten viel Zeit in den Bädern, in Tavernen oder auf den Straßen. Sie lebten viel im Freien, so wie heute noch die Menschen am Mittelmeer.

Ein Jäger bohrt seinen Speer in den Keiler.

KINDERSPIELE

Die Kinder der Römer hatten viele ähnliche Spielsachen wie heutige Kinder: Bälle, Puppen, Tiere auf Rädern, Reifen und Glasmurmeln. Häufig starben Kinder sehr früh, denn die Medizin war noch nicht so weit entwickelt. Die trauernden Eltern begruben ihre Kinder oft mit ihren Lieblingsspielsachen, daher wissen wir über diese gut Bescheid.

***Spielzeugpferd** auf Rädern*

Bunte Glasmurmeln

AUF DER JAGD

Reiche Männer jagten auf dem Land gern wilde Tiere wie Hirsche, Wildschweine, Hasen und Füchse. Die Wildschweinjagd war ein gefährliches Unterfangen, wie dieses Mosaik aus den Ruinen eines luxuriösen römischen Palasts auf Sizilien zeigt. Die Jäger retten den Mann am Boden, der gerade von den Stoßzähnen des Keilers verwundet wurde.

GÄRTEN

Hier genoss man den Frieden, den Vogelgesang und die Schönheit und den Duft der Blumen. Die Armen konnten in den öffentlichen Gärten von Badehäusern spazieren gehen. Dank erhaltener Bücher über Gartenbau wissen wir viel über römische Gärten. Die Archäologen studieren auch die Spuren alter Pflanzenwurzeln, die über Anbaumuster und Sorten Auskunft geben.

***Rekonstruierter Peristyliumgarten** eines Stadthauses in Herculaneum*

Wandmalerei *aus dem 1. Jahrhundert v. Chr.*

__Diana__ mit Pfeil und Bogen als Jägerin. Die Schmerzen der Geburt, glaubte man, würden durch Dianas Pfeile verursacht.

HAUSGÖTTER

Im Hausschrein wurden den Statuetten der Götter, die Haus und Familie beschützten, täglich Gebete gewidmet und Essen und Wein dargebracht. Dieser Schrein aus Pompeji enthält Bilder männlicher Ahnen, die als wichtige Familienangehörige galten und neben den Hausgöttern verehrt wurden.

DIANA UND ARTEMIS

Roms Religion war von griechischen Göttermythen stark beeinflusst. Die Römer setzten Diana, ihre Mondgöttin, mit Artemis gleich, der griechischen Göttin der Jagd, des Mondes und der Geburt. Diana übernahm all diese Rollen. Die Römerinnen beteten zu Diana für eine sichere Geburt eines Kindes.

RELIGION

DIE RÖMER VEREHRTEN VIELE GÖTTER, die über verschiedene Lebensbereiche wachten. Der mächtigste war Jupiter, der Gott des Himmels und der Beschützer des Römischen Reiches. Seine Statue stand in einem großen Tempel auf dem Kapitol. Als *Pontifex Maximus* (oberster Priester) von Rom hielt der Kaiser zu Ehren vieler Götter Zeremonien ab. Sie umfassten Gebete, das Verbrennen von Weihrauch und Opfer – das Töten eines Tiers, das dem Gott als Geschenk dargebracht wurde. Ähnliche Zeremonien fanden in jedem römischen Haus statt. Jede Familie glaubte, von Hausgöttern beschützt zu sein, deren Statuetten in einem Schrein, einem Miniaturtempel im Haus, aufbewahrt wurden.

Weiße Stiere *wurden stets Jupiter geopfert.*

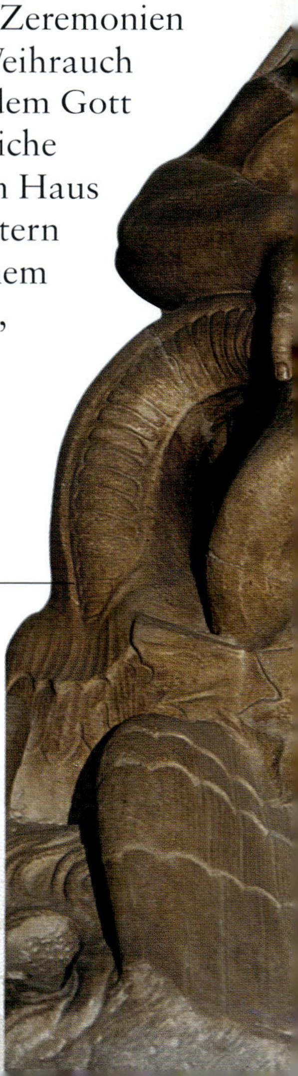

Oceanus *wurde oft mit einer Schlange gezeigt – wohl weil er sich wie eine Schlange um die Erde wand oder weil eine sich windende Schlange die Römer an Flüsse erinnerte.*

TEMPELGOTTESDIENST

Zeremonien fanden meist vor Tempeln statt, die als Häuser der Götter galten. Dieses Relief zeigt Kaiser Mark Aurel beim Abhalten eines Stieropfers vor dem Jupiter-Tempel. Bevor der Stier getötet wurde, verbrannte der Kaiser Weihrauch und sprach das folgende Gebet: „Mehre die Macht der Bürger, des Volkes von Rom, in Krieg und Frieden.“

***Statuette von Diana**, der Jagdgöttin, mit ihrem Bogen*

***Altar**, auf dem Holzkohle brennt*

RAUCHENDE GABEN

Opfer wurden meist verbrannt, sodass der aufsteigende Rauch sie aus dieser Welt in die der Götter tragen konnte. Auf diesem Mosaik aus dem 4. Jh. n. Chr. verbrennen Jäger Speisen oder Weihrauch auf einem Altar vor einer kleinen Diana-Statue. Die Jäger erhoffen sich für dieses Opfer Erfolg bei der Jagd.

***Statue von Mithras** mit seiner typischen Persermütze*

NEUE GÖTTER

Als das Reich wuchs, stießen die Römer auf neue Götter und nahmen sie meist in ihre Religion auf. Ein besonders bei Soldaten und Kaufleuten beliebter neuer Gott war Mithras. Sein Name kam aus Persien im Osten des Reichs. Er wird stets dargestellt, wie er einen Stier tötet, dessen Blut Hund und Schlange auflecken.

EINE WELT VOLLER GÖTTER

Die Römer glaubten, es gebe überall Götter oder Geister. Ein Hauseingang wurde von drei Göttern bewacht: Forculus hütete die Türen, Limentinus die Schwelle und Cardea die Türangeln. Auch jeder Fluss hatte seinen eigenen Gott, in der römischen Kunst immer als bärtiger Mann dargestellt. Vor einer Flussfahrt beteten die Römer oft zu dem jeweiligen Gott für eine sichere Reise.

***Oceanus, den Gott des Ozeans**, stellte man sich als mächtigen Fluss um die Erde vor.*

NIEDERLAGE, TOD UND DEMÜTIGUNG

Eine der schlimmsten Katastrophen der römischen Geschichte geschah 260 n. Chr., als der Perserkönig Schapur Kaiser Valerian und seine 70000 Mann starke Armee gefangen nahm. Schapur soll seinen kaiserlichen Gefangenen als Tritt zum Besteigen seines Pferdes benutzt haben und ließ dessen Leichnam angeblich mit Stroh ausstopfen.

König Schapur *auf einem persischen Felsrelief*

Kaiser Valerian *ergibt sich König Schapur.*

NIEDERGANG ROMS

IM 3. JAHRHUNDERT GERIET DAS REICH von vielen Seiten unter Druck – im Norden griffen die Goten an, im Osten die persischen Sassaniden. Häufige Niederlagen sowie Seuchen und Bürgerkriege führten zu einer raschen Abfolge von Kaisern – über 20 zwischen 235 und 284 n. Chr. – und einem Abfall von Reichsteilen in Gallien und im Osten. Unter starken Kaisern wie Diokletian und Konstantin erholte sich das Reich und das 4. Jh. erlebte eine Blütezeit. Aber zur Abwehr stützten sich die Römer zunehmend auf Söldner der Barbaren, die schließlich die Westteile des Reichs übernahmen. Ostrom bestand dagegen noch weitere 1000 Jahre.

VANDALISMUS

„Vandale“ nennen wir noch heute jemanden, der etwas gedankenlos zerstört. Doch das Volk der Vandalen wollte das Römische Reich nicht zerstören, sondern an seinem Reichtum teilhaben. Sie zogen durch Westeuropa und eroberten Nordafrika. Hier imitierten sie die Lebensweise der Römer und lebten in mit Mosaiken verzierten Villen. Dieses Mosaik zeigt einen Vandalen in römischer Kleidung zu Pferde. „Barbarisch“ an ihm ist nur sein langes Haar.

VIER KAISER

Am Ende des 3. Jhs. erholte sich das Römische Reich dank einem Herrscher namens Diokletian (der von 284 bis 305 n. Chr. an der Macht war). Er erkannte, dass ein Kaiser das Riesenreich nicht regieren konnte, und teilte seine politische Bürde mit drei Mitherrschern. Diese Statue zeigt die Tetrarchen („vier Herrscher“), wie sie ihre Schwerter halten und sich als Zeichen vereinter Stärke umarmen.

Schwerter mit Adlergriff. *Der Adler war das Emblem Roms.*

CHRISTIANISIERUNG

Unter Konstantin, der von 312 bis 337 n. Chr. Kaiser war, veränderte sich die Religion des Reichs, denn er unterstützte das Christentum. Die Christen, die nur einen Gott verehrten, waren von früheren Kaisern verfolgt worden, die glaubten, sie wären eine Gefahr für Rom. Konstantin und seine Nachfolger förderten Christenführer und gaben Geld für Kirchen, sodass das Christentum allmählich Reichsreligion wurde.

Spätrömisches Mosaik von Konstantin, der in Wahrheit bartlos war

***Jesus** in römischer Toga und mit Heiligenschein*

DER RÖMISCHE CHRISTUS

Als offizielle Religion des Römischen Reichs übernahm das Christentum viele frühe Formen der römischen Götterverehrung. Nun beteten die Menschen keine Götter, sondern christliche Heilige an. Auf Bildern trug Jesus einen Heiligenschein, ein Zeichen des römischen Sonnengotts. Sein Geburtstag wurde auch an dem des Sonnengotts gefeiert – am 25. Dezember.

***Hagia Sophia** – 532–537 n. Chr. von Kaiser Justinian erbaut*

***Türkisches Minarett** (Moscheeturm)*

DAS WESTLICHE ERBE

Im 5. Jh. n. Chr. wurde die Westhälfte des Reichs von Germanenstämmen erobert, die ihre eigenen Königreiche errichteten. Doch das Erbe Roms wurde von der christlichen Kirche bewahrt, die die lateinische Sprache weiter verwendete. Das Oberhaupt der katholischen Kirche, der Papst, trägt noch immer den altrömischen Titel *Pontifex Maximus* (oberster Priester).

DAS BYZANTINISCHE REICH

Während die Westhälfte des Reichs zerbrach, bestand die Osthälfte noch weitere 1000 Jahre. Dieses Byzantinische Reich – benannt nach Byzanz, wie die Hauptstadt Konstantinopel einst hieß – ging 1453 unter, als die Türken Konstantinopel einnahmen und in Istanbul umbenannten. Die großartige römische Kirche Hagia Sophia wurde in eine muslimische Moschee umgewandelt und um Minarette erweitert – Türme, von denen aus die muslimischen Gläubigen zum Gebet aufgerufen werden.

***Eine lateinische Bibel** aus dem 8. Jh. aus Hereford in England*

Register

A

Abendessen 32
Aktium, Schlacht bei 14–15
Altar des Friedens 15
Amphoren 29
Angriffe 8–9
Aquädukte 20
Archäologie 24–25
Architektur 20–21
Armeen 12–13
Atrium 30–31
Augustus, Kaiser 15
Auxilien 27
Avaricum 8, 12

B

Badehäuser 32
Bauwerke 7, 20–21
Belagerungswerke 8–9, 11
Bergbau 29
Beton 20
Briefe 24
Britannien 11
Brunnen 21
Bürger 26, 27
Byzantinisches Reich 37

C

caldarium 25
Caracalla, Kaiser 27
Cäsar, Julius 8–9, 11, 14–15
Chesters, Fort 25
Christentum 37
Circus Maximus 18
clientes 30, 31
Commodus, Kaiser 18
compluvium 31
corona muralis 12
curia 27

D,E,F

Diokletian, Kaiser 36
Erntemaschine 28
Etrusker 7
Frauen
Kleidung 32
Rechte 26
Freigelassene 26
Freizeit 32–33

G

Gallien 8–9, 11, 36
Gallier 10, 12
Gärten 33
Gladiatoren 16, 17, 18
Glas 29
Glücksspiel 11
Goten 36
Götter 34–35
Griechen 7, 20

H

Hadrianswall 13
Hagia Sophia 37
Handel 28–29
Hannibal 10
Haus des Fauns 30–31
Hausgötter 34
Heizung 25
Herculaneum 24
hypocaustum 25

I,J

impluvium 31
Ingenieure 20
Istanbul 37
Jagd 33
Jesus Christus 37

K

Kalender 6
Kameen 29
Karthager 10, 11
Kettenhemd 9
Kinderspiele 33
Kleidung 32
Kohorten 12
Kolosseum 16–17, 18
Konstantin, Kaiser 36, 37
Konstantinopel 36, 37
Konsuln 10
Kriegsschiffe 11
Kuppeln 21

L,M

Legionäre 12, 13
Legionen 12
Makedonier 10
Marius 14
Mark Aurel, Kaiser 34
Markus Antonius 14
Mosaiken 25, 31, 33
Münzen 28

N,O

Nero, Kaiser 28
Nichtbürger 26, 27
Oktavian 14
Opfer 34, 35
Ostia 28, 32

P

Pantheon 21
Patron 30
peregrini (Nichtbürger) 26, 27
peristylium 31
Perser 36
Pompeji 22–23, 24, 34
Haus des Fauns 30–31
Pompejus der Große 10, 11

R

Rammbock 9
Reichtum 28–29
Religion 34–35
Republik 10, 14
Rom 6–7
Gründung 10
Römisches Reich 6, 13, 14–15, 36
Romulus und Remus 7

S

Sassaniden (Perser) 36
Schapur, König 36
Schiffe
Handelsschiffe 28–29
Kriegsschiffe 11
Schildkrötenformation 8, 9
Schminke 32
Senat 10, 27
Senatoren 27
Skelette 24
Sklaven 26, 29, 31, 32
Soldaten 12–13
sozialer Rang 26–27
Spielzeug 33
Sport 32
Sprache 6, 28
Stadien 18
Steuer 27
Straßen 21
Sulla 14

T

tablinum 31
Tarquinius der Stolze 10
Tempel 20, 34
Tetrarchen 36
Theater 19
thermopolium 29
Tiere 18
Togen 27
Toiletten, öffentliche 21

U,V

Unterhaltung 18–19
Valerianus, Kaiser 36
Vandalen 36
Vergil 6
Vesuv 22, 23
Vindolanda 13, 24

W

Waffen 13
Wagenrennen 18, 19
Währung 28
Wandmalereien 31
Wasserrohre 21
Werkzeuge 20
Wirtschaft 28–29
Wohnblocks 32–33
Zenturien 12

Dank

Dorling Kindersley möchte sich bedanken bei:
Der Britannia Re-enactment Group (www.durolitum.co.uk) für die Beteiligung an den Aufnahmen vom Kolosseum und von Pompeji; der Colchester Roman Society (www.romanauxilia.com/crswebsite/index.htm) sowie Mark Dennis und Archie Clapton von DK für die Beteiligung an den Aufnahmen der Belagerung von Avaricum und der römischen Villa; Andy Crawford für die Fotos der Belagerung von Avaricum und der römischen Villa; Gary Ombler für die Fotos vom Kolosseum und von Pompeji; Dorothy Frame für das Register und Sarah Mills für Recherchen im Bildarchiv von DK.

Bildnachweis:
(o = oben; u = unten; m = Mitte; l = links; r = rechts; F = Folie)

Dorling Kindersley dankt folgenden Personen und Institutionen für die Bereitstellung von Bildmaterial:

Ancient Art & Architecture Collection: 36ml; Mike Andrews 7mr, 11u; R. Ashworth 27ol; Dr. S. Coyne 16-16F, 17or, 35ol; L. Ellison 13mur; Leslie Ellison 25mr; G.T. Garvey 29umr; Brian Gibbs 5or, 12-13u; D.J. Justice 26ol; Ronald Sheridan 11mr, 13or, 19ol, 20–21om, 25or, 26ul, 27or, 28u, 34–35, 37or, 37ur; John Stevens 18–19m; B. Wilson 28ol; Julian Worker 36or. **Ashmolean Museum:** 10l. Richard Ashworth 24–25m. **Bridgeman Art Library, London/ New York:** 29or; Guildhall Art Gallery, Corporation of London 32ul; Laurus 37ol; Museo Archeologico Nazionale, Neapel 10–11om, 34ol; Museo della Civiltà Romana, Rom 21umr; Museo Etrusco di Villa Giulia/Alinari 7or; Musée du Louvre, Paris 27ur. **British Museum:** 19or, 20ur, 20mur, 21om, 24ur, 29ul, 33ml, 35mr. **Corbis:** 14–15om, 23–23om F; Paul Almasy 21or; Archivio Iconografico, S.A. 15or, 26or, 34ul; Yann Arthus-Bertrand 38ml; Bettmann 14ol, 14m, 15ur; Jonathan Blair 24or, 24ml; Burstein Collection 10mr; Robert Estall 21ul; John Heseltine 22–22u F; Mimmo Jodice 32ol, 34or; David Lees 20ul; Charles & Josette Lenars 6ul; Aaldo de Luca 5mr, 6–7o&u, 28ul, 26–27u, 32–33om, 33mr; Lance Nelson 21ml; North Carolina Museum of Art 14–15u; Gianni Dagli Orti 10u; Ricki Rosen/Saba 25ul; Leonard de Selva 32mr; Sean Sexton Collection 22–22ur F; Paul Thompson/Eye Ubiquitous 17–17F; Gian Berto Vanni 30–30 F, 31–31 um F; Ruggero Vanni 20ml; Vanni Archive 15mr; Roger Wood 5ul, 6–7om, 33u; Adam Woolfitt 29ur. **Alistair Duncan:** 3o&u, 4–5o&u, 24–25o&u, 26–27o&u, 28–29o&u, 32–33o&u, 34–35o&u, 36–37o&u, 38o&u. Ermine Street Guard: 12ml. **Gables:** 22ur. Getty Images: Hulton Archive 22om, 22–22ul F, 22–22mr F; Raymond Kleboe/Hulton Archive 22–22ul F, 22uml. **John Heseltine:** 2, 12mr, 36ur, 39. **Simon James:** 11or, 18–19o&u, 20–21o&u. **Museo Archeologico Di Napoli:** 22ul. **National Maritime Museum:** 28–29om. **The Picture Desk:** The Art Archive/Musée du Louvre, Paris/ Dagli Orti 18ur; The Kobal Collection/MGM 19u. **Scala Group S.p.A.:** Chieto, Museo Nazionale, © 1990, mit freundl. Genehm. des Ministero Beni e Att. Culturali 31–31om F; Neapel, Museo Nazionale, © 1990, mit freundl. Genehm. des Ministero Beni e Att. Culturali 31ul F. **Karl Shone:** 12ol. **University Museum of Newcastle:** 13oml. **Werner Forman Archive:** 33or. **Lin White:** 21mr, 22–22o F, 23mr. **Alan Williams:** 5ml, 20ol.

Cover: Vorderseite: Corbis: Paul Thompson/ Eye Ubiquitus (Publikum); **Ancient Art and Architecture Collection:** Dr. S. Coyne (Kolosseum). **Rückseite: Corbis:** Paul Thompson/ Eye Ubiquitus (Publikum); **Ancient Art and Architecture Collection:** Dr. S. Coyne (Kolosseum) om. **Corbis:** Archivio Iconografico, S.A. or. **Rücken: Corbis:** Archivio Iconografico, S.A.